Pierre Stutz

Wurzeln des Lebens

Mit Fotografien von
Jörn Sackermann

HERDER
FREIBURG · BASEL · WIEN

Ausgewählt und herausgegeben von Ludger Hohn-Morisch

Umschlagmotiv: Klaus Ender, Bergen auf Rügen

www.herder.de
Gesamtgestaltung: Hartmann und Kampa, München
Satz: Uwe Stohrer, Freiburg i. Br.
fgb · freiburger graphische betriebe 2003
www.fgb.de
Gedruckt auf umweltfreundlichem,
chlorfrei gebleichtem Papier
ISBN 3-451-28058-2

INHALT

Zwischenräume – zum Geleit

Echte Begegnung mit dem Leben geschieht immer dann, wenn ich mich nicht allein vom HABEN leiten lasse, sondern dem SEIN mehr Raum gebe. Dies geschieht, wenn in allen Begegnungen ein Zwischenraum entsteht, wo der Geschenkcharakter des Lebens spürbar wird, der nicht planbar ist, obwohl er gepflegt und gefeiert werden will. Ich möchte Spuren aufzeigen, wie so ein Zwischenraum sich ereignen kann.

LOSLASSEN, 5

Mich einlassen

Mich einlassen
auf das Licht in mir
die geschenkten Gaben
die entfaltet werden möchten

Mich einlassen
auf die Gabe der Freundschaft
im Genießen des Anerkanntseins
im Einüben der Konfliktfähigkeit

Mich einlassen
auf die schwierigen Seiten des Lebens
die durchkreuzten Hoffnungen
um daran wachsen und reifen zu können

Mich einlassen
auf die Lebenslust
die gegenseitige Bestärkung
im Fördern von Gemeinschaft

Mich einlassen
auf die Solidarität
den Kampf für Frieden in Gerechtigkeit
im Einsatz für die Menschenrechte

LOSLASSEN, 9

Meine Sehnsucht

Meine Sehnsucht ist groß
ich selber zu werden
nicht gelebt zu werden
sondern aus meiner Mitte heraus
mich entfalten zu können

Meine Sehnsucht ist groß
mich lassen zu können
Idealbilder von mir loszulassen
damit ich immer mehr so werde
wie Gott mich von Anfang gemeint hat –
als sein Abbild

Meine Sehnsucht ist groß
mich zu finden
weil ich nur so Gott finden kann
im tiefsten Seelengrunde
wo ich sein darf
vor aller Leistung

Meine Sehnsucht ist groß
mich lassen zu können
um in meinen Gaben
meine Lebensaufgabe zu entdecken
im Entfalten und Aufgeben meiner Gaben
zum Wohle der Gemeinschaft

LOSLASSEN, 14

Der lebendige Brunnen

Die anderen Menschen lassen heißt, jedem Menschen Verwandlung zugestehen. Ich kann dies ausdrücken, indem ich mein Leben als Segen verstehe und jeden Tag segnend da bin. Beim Lesen der Zeitung, in der Tram, beim Einkaufen halte ich ab und zu inne, um segnend da zu sein.

Dabei geht es nicht darum, nur das Gute zu sehen, sondern gerade in der Empörung, im Ärger, in der Verschiedenheit suche ich den lebendigen Brunnen im anderen, den ich bis jetzt noch nicht entdeckt habe.

LOSLASSEN, 17

Sein dürfen

Sein dürfen
mich einbringen
mich zurücknehmen

Sein dürfen
ich bin nicht zu haben
sondern immer im Werden

Sein dürfen
du bist nicht zu haben
sondern immer im Werden

Sein dürfen
die Angst verlieren
zu kurz zu kommen

Sein dürfen
mit anderen aufbrechen
im politischen Engagement

Sein dürfen
Gottes Traum einer gerechteren Welt
mitträumen und mit verwirklichen

LOSLASSEN, 27

Jeden Morgen stelle ich mich als ersten Akt in die Mitte des Zimmers. Mein Dastehen ist auch heute gefragt, doch ich darf mich zuerst erinnern, dass Gott vor aller Leistung zu mir steht, weil mein Wert aus meinem Dasein entspringt. Diesen Auferstehungsweg kann ich jedes Mal den Tag hindurch vergegenwärtigen, wenn ich stehen muss. Wenn meine Tagesplanung durchkreuzt wird und nicht alles so läuft, wie ich mir das ausgedacht habe, und ich versuche, daraus das Beste zu tun, dann erneuert sich der Kreuz- und Auferstehungsweg in mir.

Tragender Grund

Dies ist ein höchst politischer Akt, denn ich verbinde mich dadurch mit allen unterdrückten, gekrümmten Menschen, deren Rechte missachtet und zerstört werden. Beim Warten auf den Bus, in der Einkaufsschlange, im bewussten Innehalten beim Spaziergang werde ich hineingeholt in das große Staunen. Im Stehen erfahre ich Gott als Grund, der mich trägt. Ich muss also nicht alles in meinem Kopf, auf meinen Schultern tragen, sondern ich kann abgeben und staunen, wie meine Alltagslast kleiner wird, weil ich den Boden unter meinen Füßen wirklich nutze als tragenden Grund.

STAUNEN, 13

Der Weg ist das Ziel

Schritt für Schritt gehen, um mir und jedem Menschen mit viel Wohlwollen und Geduld zu begegnen. Denn niemand von uns kann sich von einem Tag zum anderen ändern. Wir brauchen die Perspektive, dass der Weg das Ziel ist, ohne dabei unsere Ideale zu verleugnen. Ganz im Gegenteil, um eine geerdete Spiritualität zu fördern, die den kleinen Schritten traut, weil in ihnen das Staunen über die großen Friedenswege wächst, die sich allen sinnlosen Kriegen zum Trotz auftun, wenn Menschen ihren Glauben mit Hand, Fuß und Herz konkretisieren.

STAUNEN, 17

Aggressionen ergründen

Nach einer Begegnung, die mich aggressiv werden ließ, versuche ich im „Zeitlupentempo“ zu rekonstruieren, welche Gründe mich zu dieser Aggression geführt haben und was ich dadurch an Werten entdecken kann, die ich zu wenig lebe. Dieser Zugang zur konstruktiven Seite der Aggression gilt natürlich auch in den Begegnungen, in denen Menschen mir mit Aggressionen begegnen. Das tiefe Ein- und Ausatmen und der Bodenkontakt mit meinen beiden Füßen können mir da eine Hilfe sein, um die Eskalation der negativen Seite der Aggression zu durchbrechen. Dabei achte ich jedoch darauf, nicht alles auf mich zu nehmen. Die Distanz des tiefen Ein- und Ausatmens will mir ermöglichen, nur jene Aspekte des Verhaltens, das wirklich etwas mit mir zu tun hat, anzuschauen und die anderen Aspekte bei der anderen Person zu lassen. Manchmal braucht es dazu viel Zeit.
Die tägliche Meditation wird zum Versöhnungsweg, wenn ich diese wichtige Unterscheidung (was hat mit mir zu tun und was nicht) aus der Tiefe meines Seins [...] heraus betrachte, um so echte Versöhnung wagen zu können.

VERSÖHNEN, 17

Versöhnung

Versöhnung mit dir selber
wünsche ich dir
jene tiefe Selbstannahme
die sich ereignet
im Jasagen zu deinen Gaben
und Begrenzungen

Versöhnung mit dir selber
wünsche ich dir
jene tiefe Einsicht
deinem Verhalten auf den Grund zu gehen
um dich besser verstehen zu können

Versöhnung mit dir selber
wünsche ich dir
jenes Wohlwollen
dir Fehler und Scheitern einzugestehen
weil du auch daran wachsen und reifen kannst

Versöhnung mit dir selber
wünsche ich dir
im Integrieren deiner Behinderungen
damit deine Verletzungen
aus der Tiefe heilen können

Versöhnung mit dir selber
wünsche ich dir
jene Momente des Glücks
wo du die Spur Gottes in deinem Leben
entdeckst und feierst

VERSÖHNEN, 13

Hoffnung – Vertrauen – Zuversicht

Hoffnung lebt in mir
mehr in Einklang mit mir
selber zu sein
um dadurch mitzugestalten
am Versöhnungsprozess
der sich jeden Tag neu ereignet
auf der ganzen Welt

Vertrauen lebt in mir
meine Aggressionen verwandeln zu lassen
um dadurch mitzuwirken
an einem friedvolleren Mitsein
mit aller Kreatur

Zuversicht lebt in mir
konfliktfähiger werden zu können
um dadurch echte Beziehungen zu leben
worin wohlwollende Anerkennung
und konstruktive Kritik gefördert werden

VERSÖHNEN, 4

Zu-Grunde-gehen

Zu-Grunde-gehen
dem Leben ins Gesicht schauen
echter Versöhnung
eine Chance geben

Zu-Grunde-gehen
unangenehme Seiten
in mir annehmen
um sie verwandeln zu lassen

Zu-Grunde-gehen
Idealbilder von mir loslassen
um authentische Konflikte
wagen zu können

Zu-Grunde-gehen
dir begegnen
als tiefstem Grund meines Seins

Zu-Grunde-gehen
um aufrechter und selbstbewusster
an einer gerechteren Welt
mitzugestalten

VERSÖHNEN, 7

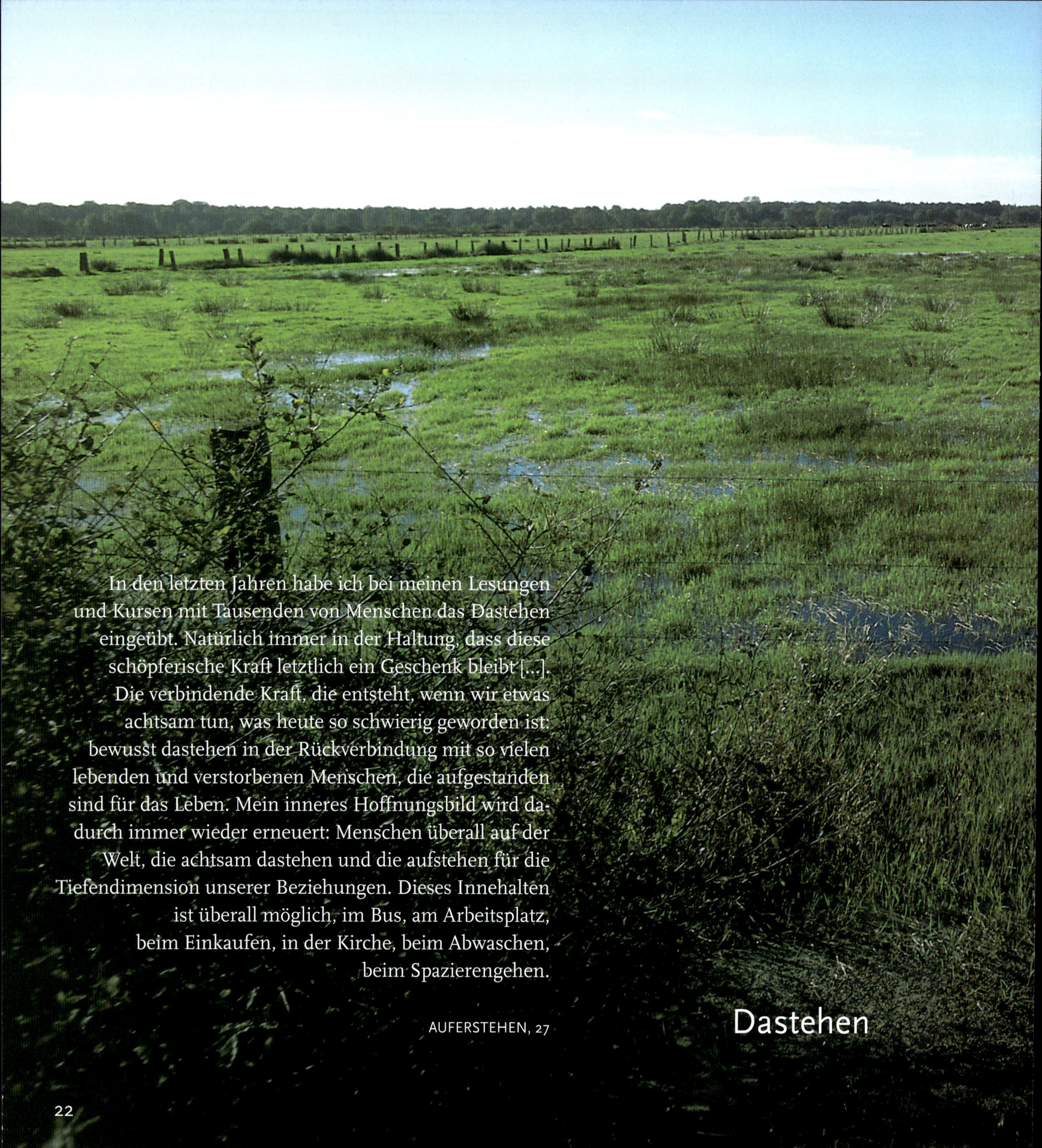

Dastehen

In den letzten Jahren habe ich bei meinen Lesungen und Kursen mit Tausenden von Menschen das Dastehen eingeübt. Natürlich immer in der Haltung, dass diese schöpferische Kraft letztlich ein Geschenk bleibt [...]. Die verbindende Kraft, die entsteht, wenn wir etwas achtsam tun, was heute so schwierig geworden ist: bewusst dastehen in der Rückverbindung mit so vielen lebenden und verstorbenen Menschen, die aufgestanden sind für das Leben. Mein inneres Hoffnungsbild wird dadurch immer wieder erneuert: Menschen überall auf der Welt, die achtsam dastehen und die aufstehen für die Tiefendimension unserer Beziehungen. Dieses Innehalten ist überall möglich, im Bus, am Arbeitsplatz, beim Einkaufen, in der Kirche, beim Abwaschen, beim Spazierengehen.

AUFERSTEHEN, 27

Türen öffnen

„Liebe deinen Nächsten, denn er ist wie du!“, übersetzt Martin Buber das doppelte Liebesgebot aus der Bibel. Es hilft mir, die Spirale des Sündenbockmechanismus zu überwinden. Es bedeutet, das, was mich stört beim andern, auch in mir zu entdecken; es bedeutet, bei mir anzufangen, die Unzufriedenheit, die Überforderung, die Ängste wahrzunehmen. Es bedeutet, die Tür zu meinen Gefühlen zu öffnen und, falls ich den Schlüssel verloren habe – was für uns Männer oft zutrifft –, ihn mit Nachdruck und Behutsamkeit zu suchen: indem ich Momente des Innehaltens fördere, die mir helfen, meine Motivation und meinen Umgang mit mir und anderen zu überprüfen.

GELASSENWERDEN, 22f

Zumutung und Verheißung

Nimm dein Leben in die Hand
ergreif die Gelegenheit
lass dich ermutigen
durch Menschen
die selber einen Weg
in den eigenen Abgrund gewagt haben

Nimm deine Geschichte an
was vergangen ist
versuche zu lassen
damit du
augen-blicklich
dein Leben neu gestalten kannst

Zumutung und Verheißung zugleich …

MOMENTE, 130

Zärtlich nah

Zärtlich berührt
einander Zuwendung schenken
ohne den Freiraum
zum Wachsen zu verlieren

Zärtlich nah
einander Geborgenheit erfahren lassen
im Genießen der erotischen Kraft
der Freundschaft

Zärtlich aufgerichtet
einander Weite eröffnen
zum Sinn des Lebens bewegt:
wirklich lieben können

Zärtlich verwurzelt
einander in Verschiedenheit ergänzen
zum schöpferischen Mitsein angestiftet

FERMENT, 27

Das Lebendige im Menschen

Zeiten der Verunsicherung bergen eine große Chance in sich. Da regt sich etwas in uns, was uns selbst neu ist, unvertraut, was wir an uns noch gar nicht so kennen. Da spüren wir in ganz verschiedenen Situationen und Begegnungen unseres Lebens, dass Überzeugungen und Verhaltensweisen, die uns bisher Halt gegeben haben im Leben, nicht mehr tragen. Zunächst überspielen wir diese Unsicherheit oft, weil wir fürchten, unsere Glaubwürdigkeit, unsere Identität ein Stück zu verlieren. Wenn ich diese Angst kenne, kann ich sie ernst nehmen. Zugleich versuche ich, Verunsicherungen als Boten meiner Seele zu verstehen, die mich behutsam-bestimmt auffordern, Seiten in mir zu erlösen, verwandeln zu lassen, die zu sehr in meinem Kopf und zu wenig in meinem ganzen Sein integriert sind. Denn die Seele ist nach C. G. Jung „das Lebendige im Menschen, das aus sich selbst Lebende und Leben Verursachende".

GELASSENWERDEN, 34

„Mist und Mängel“

Zur Lebendigkeit gehört das Jasagen zu seiner Geschichte in den verschiedenen Phasen des Lebens ... Ein Ja, das erfahrbar wird im Entfalten meiner Fähigkeiten und im Annehmen meiner Grenzen.
Da liegt der wahre Grund der Versöhnung mit mir und meiner Geschichte. Dies betrifft vor allem auch jene Menschen, denen Widerwärtiges und Gewaltvolles in ihrem Leben, zum Beispiel in ihrer Kindheit, widerfahren ist.
Es betrifft jeden Menschen, der sich ehrlich eingesteht, dass auch „Mist und Mängel“ zu seinem Leben gehören.

VERSÖHNEN, 8f

Horche auf deine innere Herzensstimme
die dich zu dir selbst führt
zum tiefen Grund deines Daseins
und zu deiner ureigenen Aufgabe auf dieser Welt

Erkenne in dir jene Herzensworte
die dich wirklich lebendig werden lassen
und dir die Kraft zum Mitsein
und zum Engagement schenken

Herzensworte – Herzensstimme

Horche auf deine innere Herzensstimme
um zu erkennen welche unruhigen Stimmen
dich fremdbestimmen und blockieren
und welche tiefe innere Stimme der Intuition
dich zum Geradestehen für dein Leben aufrichtet

Erkenne in dir jene Herzensworte
die sich in der Fülle der Informationen
in deinen Seelengrund gesetzt haben
weil sie sich bewährt haben
und erahne in ihnen die göttliche Stimme
die auch dir ins Herz geschrieben ist

HERZENSWORTE, 23

Angenommen sein

Nach langem intensivem Ringen erahne ich bei mir etwas von dieser Versöhnung. Ich kann mich versöhnen mit meiner Biographie, wenn ich den Vollkommenheitsanspruch aufgebe, der mich dauernd überfordert. Die Biographien vieler biblischer Personen sind mir auf diesem Weg zur Lebenshilfe geworden. Denn sie werden von Gott nicht beim Namen gerufen, weil sie eine große Karriere und viel Erfolg aufweisen können. Nein, ihr Angesprochenwerden erzählt von unserer tiefen Sehnsucht, die im Grunde einer jeden Seele anzutreffen ist: von der Sehnsucht, trotz vieler Widersprüchlichkeiten und Unglaubwürdigkeiten angenommen zu sein, vor allem Tun.

Diese Grundannahme ist kein Freipass für unverantwortbares Handeln. Ganz im Gegenteil, dieses Sein-Dürfen mit Licht und Schatten eröffnet eine verantwortungsvolle Ethik, bei der die Rechte jedes Menschen und die Bewahrung der Schöpfung aus innerer Überzeugung und nicht aus Angst und lebensverneinendem Moralin gefördert werden.

Zu meinem „Mist“ stehen

Mich versöhnen mit mir heißt: mir verzeihen können. Dies wird möglich, wenn ich nicht perfekt sein muss und mir eingestehe, dass Fehler, Scheitern, Widersprüchlichkeiten zu meinem Leben gehören. Je mehr ich auch vor anderen zu meinen Grenzen stehen kann, umso besser können sie damit umgehen. Dadurch geschieht Verwandlung, wenn ich zu meinem „Mist“ stehe und darüber rede, ihn „hinaustrage“, um mit mehr Distanz ihn anzusehen, damit ich sogar daran wachsen und reifen kann.

VERSÖHNEN, 10

Wut und Trauer

Wut und Trauer sind Schwestern – diese Lebensweisheit hilft mir, wenn jemand immer „nur“ weint. Dahinter kann das Verbot stehen, sich zu ärgern, seine Emotionen auszudrücken. Umgekehrt, wenn jemand schnell wütend wird, gilt es, die feine Seite des Trauerns zu fördern. Denn durch die Tränen geschieht Er-lösung, ein Lösen der destruktiven Kraft, die in der Wut sein kann.

VERSÖHNEN, 18

Stell dir vor

Stell dir vor
Menschen verlieren ihre Angst zu kurz zu kommen
sie teilen ihre Kompetenz
ihre Finanzen
ihre Fähigkeiten und Gaben –
glückliches Leben ereignet sich

Stell dir vor
Menschen verwandeln ihre Habenmentalität
in Seinsverbundenheit
sie schaffen faire Löhne
damit die Menschen ihr Land
nicht verlassen müssen
sondern in Eigenverantwortung ihre Ressourcen
nützen können solidarisches Leben konkretisiert sich

Stell dir vor
Menschen sensibilisieren und informieren sich
was mit ihrem ersparten Geld geschieht
sie investieren in ökologische und
frauenfreundliche Projekte –
sinnstiftendes Arbeiten verwirklicht sich

Stell dir vor
Menschen lassen den Himmel in sich träumen
und gestalten mit ihm
seine neue Welt der zärtlichen Gerechtigkeit

HERZENSWORTE, 105

Aggressionen stiften Beziehungen

In meiner Familie, in meinem Freundeskreis fördere ich eine Kultur der Konfliktfähigkeit. Dazu gehört das Wohlwollen einander gegenüber, die tiefe Hoffnung, dass jeder sich alltäglich zum Guten verwandeln kann. Auf dieser Grundlage finden wir Formen, wie wir einander auch mitteilen, womit wir uns schwer tun miteinander. Dabei ist es wichtig zu verinnerlichen, dass Aggressionen Beziehungen stiften. Wenn ich mich in die Auseinandersetzung hineinwage, drücke ich dieser Person meine Wertschätzung aus.

VERSÖHNUNG, 22f

Himmelsleiter zum Alltag

Schritte der Achtsamkeit kann ich überall auf der Welt gehen. Es gibt keinen Ort, wo es mir unmöglich gemacht wird, einige Schritte langsamer, bewusster zu gehen. Im Berufsalltag können mir die Momente des Gehens von einem Büro zum anderen zum Moment des Innehaltens werden, in denen all mein Tun eingebunden wird in den großen Vertrauensweg, den wir Menschen gehen können. Im Treppensteigen (anstelle der Benutzung des Liftes) sind mir jene erholsamen Schritte des Aufatmens geschenkt, bei denen ich mein Tun zwischen Erde und Himmel verwurzeln kann. Uns fehlt die Himmelsleiter zum Alltag.

STAUNEN, 16

Gelassen der Mensch
der sich nicht ausnützen lässt
weil er sich jeden Tag
Erholung gönnt
Er weiß tief innen dass er letztlich
nicht durch Leistung anerkannt ist

Gelassen der Mensch
der der Hetze Widerstand leistet
im Wahrnehmen
des göttlichen Kerns in sich
der ihn mit Schöpfung und Kosmos
verbindet

Im Einklang mit sich selbst

Gelassen der Mensch
der mitten in der Hektik
die Augen schließt
und hineintaucht in die Wirklichkeit
der liebenden Zuwendung Gottes
in allen Dingen

Gelassen der Mensch
der die Ursache der Spannungen
nicht nur bei den anderen
und in den Strukturen sucht
sondern in sich den Grund findet
um mehr in Einklang
mit sich selber zu leben

GELASSENWERDEN, 101

Ganz ich selbst sein

Werde du selbst
zum Wohl der Gemeinschaft
lass dich nicht leben
sondern entfalte dich in deinen Gaben
und im Integrieren deiner Grenzen
lebe was zutiefst in dir ist

Werde authentisch
auch wenn es Konsequenzen fordert
und du sogar deine Heimat verlassen musst
nicht nur Sara und Abraham gelten
die vertrauensstiftenden Worte Gottes:
„Geh in das Land, das ich dir zeigen werde.“

Werde so wie du von Anfang an gemeint bist:
verbindlich frei
angewiesen auf das Eingebundensein
in eine Weggefährtenschaft
frei im Wahrnehmen und Folgen
deiner inneren Freiheit
damit du nicht fremdbestimmt wirst
sondern wächst und reifst
in deinem Rhythmus

HERZENSWORTE, 115

Einmalig sein

Einmalig sein
meinen ureigenen Platz finden
meinen Standpunkt einnehmen

Original sein
nicht Kopie
mir jahrelang Zeit
zum Wachsen lassen

Monat für Monat
dranbleiben
der Krone meines Reifens trauen
auch wenn es vorerst
nicht sichtbar ist

Tag für Tag
ich selber werden
meine Kraft nicht zurücknehmen
über mich selber hinauswachsen

FERMENT, 7

In sich selber ruhen

In sich selber ruhen
Kraft aus der Mitte ausstrahlen
im eigenen Lot sein
im Hier und Jetzt

Sich bewegen lassen
seine Entfaltungsmöglichkeiten
voll ausschöpfen
transparent sein
im Spiel mit dem Wind
Lebensfreude genießen

Aus der bergenden Kraft
des Alters
zum Ausruhen einladen
aus dem Innersten
Frieden stiften
der wegweisend
zur Zivilcourage bestärkt

FERMENT, 8

Vielfältig sein

Zu meiner ganzen Lebenskraft stehen
mich nicht mehr länger entschuldigen
für meine Vielfalt –
trotz Beschneidungen
meine Wachstumsprozesse sehen

Meinem Innersten und Verborgensten
Ausdrucksmöglichkeiten gewähren
sie in Verzweigungen sichtbar werden lassen

Lob meiner Widersprüchlichkeit
Annahme meiner Unausgeglichenheit
Chance meiner Ausschweifungen –
kraftvoll im Leben stehen

FERMENT, 11

Gemeinsame Ausrichtung

Verbündete finden
Menschen
die auch an das Unmögliche glauben
die ihre tiefe Vision gemeinsam verwirklichen

Sich ausrichten
auf ein verbindendes Ziel
wo der Zusammenhalt
in der Verschiedenheit kultiviert wird

Neue Wege eröffnen
die Geborgenheit und Freiheit schaffen

Sich nicht aufhalten lassen
von Sachzwängen und Selbstzweifeln
all-täglich die kluge Lebensweisheit verinnerlichen:
Der Weg ist das Ziel

FERMENT, 12

Wirkliches Menschsein

Nach schlaflosen Stunden
die mich melancholisch erwachen lassen
mich erinnern
dass das Dunkle auch zum Leben gehört ...

Nach unruhiger Nacht
die mich mit Schwere erwachen lässt
die Verbindung zum Atem aufnehmen
mir vergegenwärtigen
im Spüren von Mutter Erde
dass ich in all meinen Stimmungslagen
getragen bin ...

Nach quälenden Träumen
die mich mit unverarbeiteten Erfahrungen
konfrontieren
die ich längst vergessen wollte
mich annehmen mit Licht und Schatten
tief atmend neu Ja sagen zu mir
weil Gott sein Ja nie zurücknimmt –

Heute besonders
mir selbst achtsam-liebevoll begegnen
weil ich im Annehmen meiner Grenzen
den anderen erfahren lasse
was wirkliches Menschsein ist
Lachen und Weinen
Suchen und Finden
Zweifeln und Glauben

GELASSENWERDEN, 151

Achtsames Verweilen

Die Antworten all
meiner Fragen sind in mir.
Das Leben ist mir geschenkt.
Ich werde es mir nie erleisten können.
Meine Aufgabe liegt darin, die Einladung anzunehmen.
Die Einladung der tiefen Lebenskraft in mir, der Christuskraft
als Quelle des Lebens in mir, erfolgt täglich – sie erfolgt jede Sekunde meines
Lebens an mich. Mit dieser Einladung zu rechnen, auf sie zu hören, ihr Raum
zu verschaffen, ihr eine Priorität im Leben einzuräumen –

das gehört zum Zentrum eines spirituellen Weges der engagierten Gelassenheit. Ich gehe diesen Weg Schritt für Schritt, indem ich mir den Tag hindurch, morgens, mittags, abends, am Wochenende Zeit nehme, um nachklingen zu lassen, was ich erlebt habe ...
Denn in meiner Lebenslust, meinen Enttäuschungen, meinen Visionen, meiner Unzufriedenheit höre ich die Worte Jesu: „Es ist alles bereit!" In diesem achtsamen Verweilen, im Ernstnehmen der Gegenwart gestalte ich aktiv und verantwortungsvoll an meiner und an einer menschlicheren Zukunft. Die Tiefe meiner Erfahrungen entdecke ich, wenn ich verweile, wenn ich anders sehe und wahrnehme.

GELASSENWERDEN, 126

„Es gibt drei Stufen in der geistigen Entwicklung eines Menschen“, sagte der Meister. „Die sinnliche, die geistige und die göttliche.“

„Was versteht man unter der sinnlichen Stufe?“, fragten die interessierten Schüler.

„Das ist die Stufe, auf der Bäume als Bäume und Berge als Berge angesehen werden.“

„Und die geistige?“

„Auf ihr sieht man tiefer in die Dinge hinein, dann sind Bäume nicht mehr Bäume und Berge nicht mehr länger Berge.“

„Und die göttliche?“

„Nun, das ist die Erleuchtung“, sagte der Meister mit leisem Lachen, „wenn die Bäume wieder zu Bäumen und Berge wieder zu Bergen werden“ (Anthony de Mello).

Diese Erleuchtung, dieses leise Lachen, wünsche ich uns im Entdecken des Wunderbaren im Alltäglichen. Sie geschieht, wenn ich die Erwartung einer großen Erleuchtung durchbreche, wenn ich das große Wunder wahrnehme, das sich ereignet im Nachwirken-Lassen meiner Erfahrungen ...

GELASSENWERDEN, 127

Erleuchtung

Wir brauchen in unserer entsolidarisierten Gesellschaft, in der die Gleichgültigkeit und Vereinsamung zunimmt, ein Neuentdecken der Solidarität: eine Kultur des Mitfühlens und des Teilens. Sie wird sichtbar in Menschen mit Rückgrat, mit Zivilcourage, die aus ihrer inneren Mitte, aus dem Sein, aus Gott heraus ihr Leben mit anderen gestalten. Den Weg zu mehr Lebendigkeit gehen wir jedoch nicht in wenigen Wochen. Die Erkenntnis, eine andere Motivation als Leistung, Autoritätsgläubigkeit, Fremdbestimmung für die eigene Lebensaufgabe zu finden, kann sich nur in der tiefen Annahme unserer selbst, unserer Gaben und Grenzen, unserer Geschichte ereignen.

Menschen werden

Unsere Gesellschaft braucht in ihren sozialen, wirtschaftlichen, kulturellen, politischen und spirituellen Dimensionen Menschen, die vorerst den Himmel in sich selber entdecken und sich entfalten lassen. Um dann aus dieser inneren Freiheit heraus mutig die Würde eines jeden Menschen und die Achtung vor der ganzen Schöpfung hochzuhalten.
Erste Schritte auf diesem Weg zur Menschwerdung fangen für mich beim Dasein an. Denn Menschsein, Ich-selbst-sein ereignen sich, wenn ich mich freue an meinen Gaben und wenn ich lerne, meine Grenzen anzunehmen. Beides ist wichtig, um ich selbst zu werden und meine Lebensaufgabe entfalten zu können.

HIMMEL, 15f

„Die Schüler führten eine hitzige Diskussion über die Ursache menschlichen Leidens. Einige sagten, Selbstsucht sei die Ursache, andere Selbsttäuschung, wieder andere, Unfähigkeit, das Wirkliche vom Unwirklichen zu unterscheiden. Als der Meister gefragt wurde, sagte er: Alles Leiden kommt von der Unfähigkeit des Menschen, still zu sitzen und allein zu sein“ (Anthony de Mello). Da sein können, im JETZT sein können. So einfach! So unendlich schwierig!

Da sein, mit sein, in Beziehung sein mit sich, den anderen, der Schöpfung und dem ganzen Kosmos gehört wesentlich zur eigenen Sinnfindung. Um unser ungelebtes, behindertes, blockiertes Leben befreien zu lassen, braucht unsere Seele Entfaltungsräume. Sich selbst zu lieben beginnt mit dem Da-sein-Können.
Mystische Menschen öffnen uns die Sicht für diese Verheißung. Das Wort „Mystik“ stammt vom griechischen Verb „myein“: die Augen schließen, nach innen schauen, innehalten. Nicht um dadurch mich zu entfremden von den anderen und von meiner Welt. Ganz im Gegenteil: um den tieferen Grund der Verbundenheit zu spüren.

HIMMEL, 16f

Da sein – so einfach, so schwierig

Mein Wert

Rabbi Mosche Löb sprach: „Ein Mensch, dem nicht an jedem Tag eine Stunde gehört, ist kein Mensch."

Eine große Sehnsucht lebt in mir. Ich möchte mehr darauf vertrauen können, dass mein Wert aus meinem SEIN entspringt. In unzähligen Vorträgen habe ich während der letzten zwei Jahre diese Worte ausgesprochen. Jedes Mal lösten sie bei mir und den Zuhörenden Aufatmen, Betroffenheit, Verunsicherung, Hoffnung aus. Unglaublich, was einige Worte bewirken können. Unglaublich, wie schwer sie in die eigene Existenz umzusetzen sind. Unglaublich, wie sie mich nicht mehr loslassen.

HIMMEL, 13

Wegbegleiter

Wegbegleiter sein
standhaft
richtungsweisend
freiheitsfördernd

Wegbegleiter sein
Nähe auf einem gewissen Wegstück
Distanz im Gehenlassen

Wegbegleiter sein
je höher der Aufstieg
umso mehr braucht es Unterstützung

Wegbegleiter sein
je tiefer der Abstieg
umso lebensnotwendiger
das Gehaltensein

FERMENT, 44

Es ist nie zu spät, Schritt für Schritt das zu verwirklichen, wofür ich zutiefst leben möchte. Der schwedische Regisseur Ingmar Bergman sagt, „dass das Leben nur die Bedeutung hat, die man ihm selber zumisst. Das ist an und für sich nichts Besonderes, aber für mich war es eine große Entdeckung.“
Darum geht es im Leben: dem, was ich zutiefst spüre, die Bedeutung und das Gewicht geben, das es braucht, um ihm schließlich Ausdruck verleihen zu können.

Die Stimme des Herzens

Wenn ich auf diesem Weg Verbündete suche, werde ich erstaunt sein, wie sich mir neue Perspektiven eröffnen. Allerdings braucht es dazu beharrliche Geduld. Denn es ist gar nicht so einfach, in der Fülle der Möglichkeiten, die uns heute in unserer konsumorientierten Welt angeboten werden, die eigene Einmaligkeit zu fördern. Das Horchen auf meine innere Mitte, auf die Stimme des Herzens kann mir wegweisend sein.

HIMMEL, 42f

Mitten unter uns

Am Wasser sitzen, staunen, wie die Seerosen sich öffnen und sich schließen und mir zum Sinnbild meines Daseins werden. Mich einbringen und zurücknehmen, mich engagieren und mich erholen:

Am See sitzen
ausgerichtet auf den Sonnenuntergang

Wellen
die erzählen
vom Sterben und Werden

Kinderstimmen
die die spielerische Kraft
in jedem neu wecken

Die sinkende Sonne genießen
Momente des Eingebundenseins

Die Sonne
die durchs Spiegeln im Wasser
ganz nah an mich herankommt
auf dass ich ankomme bei mir
um danach andere
an mich herankommen zu lassen

Tief ein- und ausatmen
danken wie Göttliches
nicht hier und dort
sondern mitten unter uns ist

HIMMEL, 122f

Brot und Rosen, das lebensnotwendige Alltägliche und das Besondere, sind Ausdruck der Sehnsucht nach Liebe, die in uns Menschen brennt und die im Weiterschenken gestillt wird. „Jeder Mensch wird mit einem unerschöpflichen Vorrat an Liebe geboren“, schreibt der nicaraguanische Dichter und Mönch Ernesto Cardenal. In einer Partnerschaft trauen wir diesem unerschöpflichen Vorrat. Wir vertrauen, dass das Lebensnotwendige – das Brot – und das Schöne, das Unerwartete, das Geschenk – die Rosen – im gemeinsamen Unterwegssein erfahrbar sind.

Brot und Rosen

Das tägliche Brot steht für das Kraftvolle und Mühsame des Lebens, das uns nährt und hoffnungsvoll leben lässt. Die Rosen lassen uns entdecken, dass es aufeinander ankommt, jedoch letztlich nicht von uns allein abhängt: Das Wesentliche im Leben ist ein Geschenk. Es braucht das Pflegen einer Beziehung, das Einüben einer wohlwollenden Konfliktfähigkeit und zugleich den gegenseitigen Freiraum, damit jede und jeder sich im Zusammensein und durch die Beziehung noch mehr entfalten kann.

SEELE, 45f

Lass dich annehmen
so wie du bist
mit deiner inneren Quelle
deiner Einmaligkeit
deiner Verletzlichkeit
deinen unangenehmen und
unausgeglichenen Seiten

Lass dich lieben
in der Tiefe deines Seins
im Genießen der zärtlichen Umarmungen
im Annehmen der Anerkennung
im befreienden Gestalten der Freundschaft

Lass dich ansehen
als ureigener Teil der Schöpfung
mit deinem Lachen und Weinen
Staunen und Zweifeln

Lass dich bestärken
zur Selbstliebe
sie lässt dich echte
Nächsten- und Gottesliebe erfahren

HERZENSWORTE, 125

Annehmen, lieben, ansehen, bestärken

Den Weg zur Quelle finden jene,
die selber den ersten Schritt wagen,
die einander beim Namen rufen
und gemeinsam aufbrechen –
ihr Urvertrauen wird wachsen.

Den Weg zur Quelle finden jene,
die ihre Gefühle nicht mehr unterdrücken,
die mit anderen lachen und weinen –
ihre Lebenskraft wird Hoffnung verbreiten.

Den Weg zur Quelle finden jene,
die miteinander Toleranz einüben
im gewaltfreien Widerstand
gegen Rassismus und Fremdenfeindlichkeit –
ihr Engagement wird
durch Gottes Fantasie begleitet.

Den Weg zur Quelle finden

Den Weg zur Quelle finden jene,
die in ihrer Sehnsucht
nach der Bewahrung der Schöpfung
jene sympathische Praxis Jesu erkennen –
ihre Solidarität wird Kreise ziehen.

Den Weg zur Quelle finden jene,
die trotz allem an das Gute im Menschen glauben,
den göttlichen Kern im Menschen entdecken –
ihre Geborgenheit in diesen verbindenden
Geist Gottes wird lebensspendend sein.

Den Weg zur Quelle finden jene,
die ein großes Herz haben
für eigene Schwächen und Grenzen
und dies auch andern zugestehen –
ihre Ehrlichkeit wird sie zur Offenheit bewegen.

Den Weg zur Quelle finden jene,
die Konflikten nicht ausweichen
und die versöhnende Kraft im Kampf
gegen die Ungerechtigkeit nicht vergessen –
ihre Zeichen der Versöhnung
werden glaubwürdig sein.

Den Weg zur Quelle finden jene,
die Partei ergreifen
für die Ausgegrenzten und Missbrauchten –
ihr Widerstand wird durch
Gottes Atem der Gerechtigkeit belebt.

Feiert das Leben,
schwimmt mit euren Kindern
gegen den Strom der Gleichgültigkeit,
tanzt, feiert, erzählt einander Hoffnungsgeschichten
und erahnt im Puls des Lebens Gott,
die Quelle allen Lebens.

SEELE, 71ff

Zu sich selber kommen

„Das Unglück des Menschen beginnt damit, dass er unfähig ist, mit sich selber in einem Zimmer zu sein", schreibt der französische Philosoph Blaise Pascal im 17. Jahrhundert. Und dieser Gedanke ist aktueller denn je! Menschen, die nicht durch die Erwartungen und die Manipulation anderer gelebt werden wollen, nicht von außen. Menschen, die aus sich heraus leben wollen, brauchen Räume der Stille.
Sich zurückzuziehen ist notwendig, um aus diesem Abstand die tiefere Verbundenheit, die Nähe zu allem zu spüren.

SEELE, 79f

wer sich selber verloren hat, wer die Beziehung zu sich selber nicht lebt, der kann nicht beziehungsfähiger werden. Damit wir uns im Engagement, im Mitfühlen und Dabei-Sein nicht verlieren, brauchen wir den Raum der Stille.Im Entdecken der Kraft des Schweigens erfahren wir zunächst oft Unruhe; all das Unerledigte, Unverarbeitete kommt uns entgegen. Es lohnt sich, diesen Durchgang von der Hektik zur Stille auszuhalten und hindurchzugehen, indem wir mitten im Alltag Momente des Innehaltens einschalten, in denen wir diesen inneren Raum erfahren. Dort darf ich einfach sein.

SEELE, 80

Die Kraft des Schweigens

Mein ganzes Dasein
mein ganzes Herz öffnen
um annehmen zu können
dass es immer
ein gebrochenes Herz sein wird

Mich in dein Mitsein verwurzeln
lässt mich Vertrauen finden
in meinen Lebensweg
zugleich mich denen zuwenden
deren Verwundungen
nach Heilung schreien

Dein Dasein und Mitsein
führt zur inneren Ruhe
und zum Mitleiden
in Nähe und Distanz

SEELE, 104

Sich nicht in der Opferrolle verlieren

Zeiten hoher Belastung bringen die Gefahr mit sich, dass ich irgendwann unbewusst die Verantwortung für das Geschehene abgebe und dadurch einen Zugang zu meinen Lebensenergien verschließe. Ich lasse geschehen, mache zu und lasse Entscheidungen über mich ergehen; das bedeutet letztlich, dass ich mich in der Opferrolle verliere. Anstatt mein Selbstvertrauen zu fördern und achtsam wahrzunehmen, was vor sich geht, gebe ich den anderen zu viel Macht und bleibe hinter meinen Entfaltungsmöglichkeiten zurück.

Natürlich können wir nicht immer mitentscheiden im Leben. Natürlich werden manchmal über unsere Köpfe hinweg Entscheidungen getroffen, die wir scheinbar „ausbaden“ müssen. Dies will ich nicht beschönigen. Um mich darin nicht zu verlieren, suche ich mir Beratung, um zu entdecken, wo in dieser Situation meine Wachstumschance, meine Persönlichkeitsreifung liegt. Echte Gelassenheit entfaltet sich, wenn ich lerne, auch schwierige Umstände auszuhalten, um bestimmt-geduldig zu entdecken, ob es sich lohnt zu bleiben oder ob ich aufbrechen muss.

SEELE, 114f

Hoffnung – Vertrauen – Liebe

Begegne
dem göttlichen Kind in dir
jener Hoffnungskraft
die sich in dir entfaltet
im Staunen
über all deine Wachstumsprozesse
die seit deiner Geburt möglich geworden sind

Begegne
dem göttlichen Kind in dir
jener Vertrauenskraft
die in dir mehr Raum möchte
um den eigenen Schreien
und dem Schreien nach Sinn
auf dieser Welt
nicht auszuweichen

Begegne
dem göttlichen Kind in dir
jener Liebeskraft
die dich
in Schwingung bringt
damit du auch spielerisch
an einer zärtlicheren Welt
mitgestalten kannst

STERN, 26

In meiner Sehnsucht entdecke ich alltäglich,
was ich zutiefst brauche im Leben.

In meiner Sehnsucht begegne ich
meiner Lebendigkeit, meinem Eingebundensein.

In meiner Sehnsucht erlebe ich mein Begrenztsein
und meine Widersprüchlichkeit.

In meiner Sehnsucht spüre ich, wie nah beieinander
Lebensfreude und Lebensschmerz sind.

In meiner Sehnsucht erwacht der Traum
einer Welt, die gerechter und zärtlicher wird.

In meiner Sehnsucht ...

In meiner Sehnsucht ertaste ich Gottes Spur
in den Ereignissen meines Lebens.

In meiner Sehnsucht steckt der Widerstand,
nicht weiterhin gelebt zu werden.

In meiner Sehnsucht schlummert die Kreativität,
die Entfaltungsräume sucht.

In meiner Sehnsucht liegt der Beginn
einer Wendezeit.

In meiner Sehnsucht …
In deiner Sehnsucht …
In unserer Sehnsucht …

SEHNSUCHT, 13f

Adventlich leben

Adventlich leben
Schritte der Achtsamkeit wagen
nicht gelebt werden
meine Sehnsucht ernst nehmen
mehr aus meiner Mitte heraus leben

Adventlich leben
mir und anderen Verwandlung zugestehen
nicht außer mir sein
meine Sehnsucht spüren
mehr aus meiner göttlichen Quelle
mich nähren

Adventlich leben
mir und meiner Situation gerecht werden
mich mit Ungerechtigkeiten auf der Welt
nicht abfinden
meine Sehnsucht erleben
aus meinem inneren Feuer heraus aktiv sein

Adventlich leben
Schritte der Wachsamkeit wagen
nicht nur reagieren
meine Sehnsucht erfahren
agieren aus meiner Tiefe heraus
im Einklang mit mir selber sein
dadurch versöhnend wirken weltweit

SEHNSUCHT, 35

Herzwärts leben

Zur Ruhe kommen
zu mir selber kommen
darin das Verbindende mit allem spüren
herzwärts leben

Zur Mitte kommen
meiner eigenen Tiefe
meinem heiligen Raum in mir
herzwärts atmen

Zur Sehnsucht kommen
meiner inneren Quelle
meinem Seelengrund
herzwärts fühlen

Zum Wesentlichen kommen
meinem inneren Licht
meiner göttlichen Kraft
herzwärts sein

Nicht mehr länger
hinter meinen Entfaltungsmöglichkeiten bleiben
in meiner Sehnsucht
meine Lebensaufgabe entdecken

Nicht mehr länger
alleine unterwegs sein
Verbündete suchen
die miteinander ergründen
wofür es sich lohnt zu leben

Nicht mehr länger
die Resignation nähren
sondern Hoffnungslieder
anstimmen
die von der Globalisierung
der Solidarität erzählen

Nicht mehr länger
sich lähmen lassen
von der Ohnmacht
miteinander unsere Sehnsucht entfalten
im Hier und Jetzt

SEHNSUCHT, 39

Hier und jetzt

Dem Engel eine Chance geben

Mitten in den Selbstzweifeln
dem Engel begegnen
der zum Selbstvertrauen bestärkt

Mitten in den dunklen Stunden
den Engel erleben
als innere Stimme des Urvertrauens

Mitten in der Verunsicherung
dem Engel nicht ausweichen
der mich auf mich selber zurückwirft
um echte Hoffnung zu erfahren

Mitten in der Zukunftsangst
den Engeln eine Chance geben
im Glauben an die Macht der Ohnmächtigen

Mitten im Gefangensein in mir selber
dem Engel zutrauen
meine Mauer des Misstrauens zu durchbrechen

Mitten im Außersichsein
den Engel entdecken
als sammelnde Mitte
die engagierte Gelassenheit wachsen lässt

SEHNSUCHT, 101f

Dem Stern folgen

Folge dem Stern
traue deiner Intuition
die dich entschiedener werden lässt

Folge dem Stern
der dich zusammenführt mit anderen
die die Menschenfreundlichkeit Gottes
in allen Dimensionen des Lebens suchen

Folge dem Stern
der deine dunklen Seiten erhellt
im wohlwollenden Blick der Verwandlung

Folge dem Stern
der Menschen verschiedener Kulturen
zur Begegnung beim Essen und Trinken führt

Folge dem Stern
der deinen Hunger und Durst nach Gerechtigkeit
weiterträgt in dein soziales Engagement

Folge dem Stern
der dich an deine königliche Würde erinnert
sie entlastet dich davon
dir und anderen etwas beweisen zu müssen:
du darfst sein wie du bist

SEHNSUCHT, 123f

Schweigen und hören

Miteinander schweigen
der Kraft der Stille trauen
um die Verbundenheit
mit aller Kreatur zu spüren

Miteinander schweigen
nicht aus Beziehungsangst und Verlegenheit
sondern aus der Hoffnung
die Qualität unserer Beziehungen zu fördern

Miteinander schweigen
auf unsere Herzensstimme hören
Christus spüren als allerinnerste Mitte

Miteinander schweigen
aus Protest gegen die zunehmende Versklavung
des Menschen im Lärm der Konsumsucht
um klarere Worte zu finden
die aufhorchen lassen

Miteinander schweigen
im Horchen auf den Atemfluss
der erzählt vom Atem
des heilenden Geistes in uns

RITUALE, 34

Die Kraft des Ewigen

Im Hier und Jetzt sein
der Kraft des Augenblicks trauen
im bewussten Ein- und Ausatmen
von dem ausgehen
was ich mitbringe an Erfahrungen
wohltuende und schmerzliche

In Alltagsgegenständen
die Kraft des Ewigen entdecken
das was mich verbindet
mit Menschen auf der ganzen Welt
und über den Tod hinaus

Meine Hände meditieren
dankbar staunen
wie sie mich jeden Tag
menschlicher werden lassen
im Zupacken und Loslassen

Da sein
einfach da sein
so schwierig
so heilsam
so anspruchsvoll
so entspannend

RITUALE, 50

Hoffnungsworte

Hoffnungsworte
wünsche ich dir
damit dein Selbstvertrauen wächst
in Verbindung mit dem Vertrauen
in die Mitmenschen und in Gott

Segensworte
wünsche ich dir
Worte die aufrichten
berühren
herausfordern
bestärken
bewegen

Vertrauensworte
wünsche ich uns allen
damit unser Unterwegssein
aus der Kraft lebt
gesegnet zu sein
um Segen füreinander
zu werden

RITUALE, 78

Die Lebensmelodie

Meinen Ton finden
meine Stimme ausdrücken
mit vielen einstimmen
in die Lebensmelodie der Hoffnung

Einander Raum zur Entfaltung eingestehen
sich miteinander bewegen
obwohl jede und jeder ihren/seinen Rhythmus hat
Freiraum spüren lassen
um das Verbindende in der Verschiedenheit
erleben zu lassen

RITUALE, 54

An Verwundungen wachsen

Ganz tief innen verwundet sein
getroffen in der Mitte meiner
Existenz
unsagbare Leere
Schmerz der Verunsicherung
Tränen der Wut
Schrei der Empörung

Ganz tief innen
im eigenen Leiden
auch dem weltweiten
Leiden begegnen

Leid anschauen
Leid aushalten
Leid verwandeln

Behutsam die Arme öffnen
Kelch und Kreuz sein

Jahre danach erahnen:
Es heilt nur
wer selber verwundet ist

FERMENT, 19

An der Quelle verwurzelt

Ein Leben lang dich abmühen
mit gutem Willen
jeden Morgen dich neu anstrengen
versuchen, es allen recht zu machen

Ein Leben lang
dich durch Leistung definieren
um den Erwartungen
der anderen zu genügen

Es gibt eine andere Möglichkeit –
die mystische Lebensgestaltung:
Das Wesentliche ist schon da
Du bist an der Quelle verwurzelt
Du brauchst dich nicht mehr zu beweisen
weil dein Wert aus deinem Sein entspringt

Aus dieser inneren Freiheit
schöpferisch
kämpferisch
leidenschaftlich sein

FERMENT, 20

Scheinbar leblos

Scheinbar leblos
uni-form
unberührbar

Oder
würdevoll
nobel
gradlinig

Auch in Zeiten der Depression
der Schutzbedürftigkeit
der Trauer
die Würde des Menschen hochhalten
darin den Klang der Ewigkeit hören

FERMENT, 23

Durch-blick wünsche ich dir
in Zeiten des Nebels und der Unklarheit
die Augen schließen
den inneren Zusammenhalt neu erfahren

Friedensdurchblick

Durch-blick wünsche ich dir
in Zeiten des Chaos und der Heimatlosigkeit
im tiefen Durch-atmen die Wurzeln spüren
die unsichtbar Halt geben

Durch-blick wünsche ich dir
in Zeiten der Ohnmacht und Destruktivität
boden-ständiger sein
Einstehen für gewaltfreien Widerstand

Durch-blick sei dir geschenkt
damit auch du
ein Friedensbaum bist für viele

Unterwegs in der Nacht

Unterwegs in der Nacht
still werden
auch wenn es anfangs schwer fällt

Unterwegs in der Nacht
einer Fackel folgen
Ausdruck unserer Sehnsucht
die uns alle bewohnt

Unterwegs in der Nacht […]
himmelwärts staunend die Sterne betrachten
die vom Verbundensein mit allem erzählen

Unterwegs in der Nacht
um ein Feuer versammelt
das jedes Gesicht erhellt

Unterwegs in der Nacht
Schritt für Schritt gehen
allein und doch miteinander

Unterwegs in der Nacht
der Dunkelheit trauen
mit meinen dunklen Seiten sein dürfen

Unterwegs in der Nacht
einander zu spüren geben:
Ich bin auch da …

SEHNSUCHT, 51f

TEXTQUELLEN

Wir danken den folgenden Verlagen für ihre freundliche Abdruckgenehmigung, Texte von Pierre Stutz für diesen Band zu verwenden:

FERMENT
Aus: ferment. Themenheft „Baumzeichen“, 3/2002.
Pallottiner-Verlag, CH-9201 Gossau SG.

HERZENSWORTE
Aus: Herzensworte. Die 10 Gebote des Lebens.
Rex Verlag, Luzern 2002.

LOSLASSEN
Aus: Loslassen. Spiritualität im Alltag.
Kanisius Verlag, Freiburg/Schweiz 32002.

MOMENTE
Aus: Heilende Momente. Gebärden – Rituale – Gebete.
Kösel-Verlag, München 22000.

RITUALE
Aus: Kraftvolle Rituale. Zum Einstieg und Ausklang in Gruppen. Rex Verlag, Luzern 2001.

STAUNEN
Aus: Staunen. Spiritualität im Alltag.
Kanisius Verlag, Freiburg/Schweiz 32002.

VERSÖHNEN
Aus: Versöhnen. Spiritualität im Alltag.
Kanisius Verlag, Freiburg/Schweiz 22001.

Weitere Texte wurden aus Werken von Pierre Stutz ausgewählt, die im Verlag Herder erschienen sind:

AUFERSTEHEN
Aus: Auferstehen mitten im Tag. Österliche Meditationen.
Freiburg i. Br. 2002.

GELASSENWERDEN
Aus: Meditationen zum Gelassenwerden.
(Herder/Spektrum 4975), Freiburg i. Br. 32002.

HIMMEL
Aus: Ein Stück Himmel im Alltag. Sieben Schritte zu mehr Lebendigkeit.
(Herder/Spektrum 5036), Freiburg i. Br. 52002.

SEELE
Aus: 50 Rituale für die Seele.
(Herder/Spektrum 7001), Freiburg i. Br. 2001.

SEHNSUCHT
Aus: Weihnachten – unserer Sehnsucht folgen. (Herder/Spektrum 5098),
Freiburg i. Br. 22002.

STERN
Aus: Unter dem Stern der Hoffnung. Meditationen in der Advents- und Weihnachtszeit. Freiburg i. Br. 2002.